MİCHAEL PORTER'IN DEĞER ZİNCİRİ 4

TEORİ 6

SINIRLAMALAR VE GENİŞLETMELER 12

PRATİK UYGULAMA 16

ÖZET 26

DAHA FAZLA OKUMA 28

MİCHAEL PORTER'IN DEĞER ZİNCİRİ

ANAHTAR BİLGİLER

- **İsimler:** değer zinciri, Michael Porter'ın değer zinciri.

- **Kullanım alanları:** rekabet gücünü artırmak, maliyetleri düşürmek, değer yaratımını artırmak.

- **Neden başarılıdır?** Her tür işletmeye uyarlanabilir, performansı büyük ölçüde artırır ve bir dizi net, iyi tanımlanmış adımdan oluşur.

- **Anahtar kelimeler:** rekabet avantajı, değer yaratma, analitik araç, faaliyetlerin alt bölümlere ayrılması.

GİRİŞ

Tarih

Harvard Business School profesörü Michael E. Porter (1947 doğumlu) rekabet stratejisi, rekabet gücü ve ulusların, eyaletlerin ve bölgelerin ekonomik kalkınması üzerine yaptığı çalışmalarla tanınmaktadır.

1980'lerde rekabet avantajı kavramını incelemeye başladı ve *Rekabet Avantajı* kitabında bir dizi stratejik teori geliştirdi: *Üstün Performans Yaratmak ve Sürdürmek* (1985) adlı kitabında bir dizi stratejik teori geliştirdi.

MICHAEL PORTER'IN DEĞER ZINCIRI

Şirketinizin rekabet avantajını ortaya çıkarın

MICHAEL PORTER'IN DEĞER ZINCIRI

Şirketinizin rekabet avantajını ortaya çıkarın

tarafından yazılmıştır Xavier Robben
tarafından çevrildi Baris Şahin

Bu teorilerin çoğu, sonuçlarını iyileştirmek isteyen işletmeler tarafından hızla benimsendi.

Ona göre şirketler, "Porter'ın beş gücü" olarak bilinen rekabetçi güçlere hakimiyetleri sayesinde üstünlük elde ederler. Bu, modern yönetimde anahtar bir kavramdır ve Porter tarafından *Rekabet Stratejisi'nde* incelenmiştir: *Techniques for Analyzing Industries and Competitors* (1980; 1998'de yeni bir girişle birlikte yeniden yayımlanmıştır) adlı kitabında ele almıştır.

Modelin tanımı

Değer zinciri, pazara değerli bir ürün veya hizmet sunmak için gerçekleştirilen bir dizi eylemdir.

Değer yaratan ve rekabet gücünü artırmak isteyen herhangi bir şirket, dernek veya kuruluş, hedeflerine ulaşmak için değer zincirini kullanabilir. Model, işletmelerin her bir adımı mümkün olduğunca iyileştirmek için faaliyetlerinin her birini analiz etmelerine ve bu şekilde rekabet avantajlarını en üst düzeye çıkarmalarına olanak tanır. Değer zinciri, bir ürün veya hizmetin piyasada konumlandırılması üzerinde çalıştığı için stratejik yönetimde değerli bir araçtır.

Değer zincirinin üç ana hedefi vardır:

- hizmetleri iyileştirmek

- maliyetleri düşürmek

- değer yaratın.

TEORİ

DEĞER YARATMA

Rekabet avantajı geliştirmeden önce şirketlerin değer yaratma kavramını anlamaları gerekir. Bu, kaynakları zincir boyunca mümkün olduğunca etkin bir şekilde dağıtmak amacıyla bir şirketin farklı işlevlerini parçalara ayırmak ve maliyetlerini incelemek için tasarlanmış analitik bir sistemdir. Bu, ürünlerin maliyetlerine veya farklılaşmalarına göre pazarda stratejik olarak konumlandırılmasını sağlar.

Maliyetler şu şekilde azaltılabilir:

- üretim sürecinin optimize edilmesi;

- Hammaddeleri daha düşük maliyetle satın almak;

- yenilikçilik;

- Daha fazla farklılaşma için bir ürünün işlevselliği üzerinde çalışmak;

- üretim kalitesinin artırılması;

- müşteri hizmetlerinin iyileştirilmesi;

- İyi bir lojistik organizasyonla teslimat sürelerinin kısaltılması.

Şirketin farklı işlevlerinin etkili bir şekilde analiz edilmesi verimliliği artırabilir ve sürdürülebilir ve kârlı bir büyüme sağlayabilir.

BİLEŞENLER

Porter'ın modeli, iki kategoriye ayrılan dokuz ana değer yaratan fonksiyondan oluşmaktadır:

- Nihai ürünün katma değerini doğrudan etkileyen beş temel faaliyet vardır. Bu kategori gelen lojistik (1), operasyonlar (2), giden lojistik (3), pazarlama ve satış (4) ve hizmetler (5) ile ilgili faaliyetlerden oluşmaktadır.

- Nihai katma değerin yaratılmasında dolaylı olarak yer alan dört destek faaliyeti vardır. Bunlar şirketin altyapısı (1), insan kaynakları (2), teknolojik gelişim (3) ve satın alma (4) ile ilgili faaliyetlerdir.

 ## DEĞER YARATAN FAALIYETLERIN SEÇIMI

Değer yaratan faaliyetlerin seçimi üç kritere dayanmaktadır:

Farklı ekonomik mekanizmalara mı dayanıyorlar?

Bunlar maliyetlerin önemli bir kısmını mı oluşturuyor?

Rekabet avantajını doğrudan etkiliyorlar mı?

Porter, birincil faaliyetlerin dikey olarak, destek faaliyetlerinin ise yatay olarak konumlandırıldığı basit bir diyagram kullanarak işi temsil eder. Marj, ürünün nihai değeri ile buna bağlı toplam maliyetler (yaratma, piyasaya sürme, vb.) arasındaki farkı temsil eder. Marjın büyüklüğü, işletmenin dokuz fonksiyonunun her birinin rekabet avantajına bağlıdır. Her şirketin, karakteri, sektörü, konumlandırması ve verimliliği de dahil olmak üzere çok sayıda farklı faktöre bağlı olarak değişecek olan kendi diyagramı vardır.

 REKABET AVANTAJI

Bir şirketin rakipleri karşısındaki rekabet avantajı, değer zincirlerinin karşılaştırılmasıyla görülebilir. Bir faaliyetin kalitesi maliyetler, müşteri memnuniyeti ve marjın büyüklüğü üzerinde doğrudan bir etkiye sahiptir. Bir fonksiyonun analizi her zaman olumlu sonuç vermeyebilir, çünkü bazı fonksiyonların değer tükettiği veya şirketin rakiplerinden daha az değer ürettiği ortaya çıkabilir.

Birincil faaliyetler

Birincil faaliyetler, bir şirket içinde organize edilen ana işlevlerdir. Ürünün yaratılmasına, pazarlama faaliyetine, satış politikasına, son müşteriye teslimata ve satış sonrası hizmete doğrudan katkıda bulunurlar. Tüm işletmeler aynı şekilde faaliyet göstermese de, çoğu bu beş temel faaliyeti yürütür:

- **(1) Gelen lojistik,** hammaddeler, bu malzemelerin teslim alınması, stok girişi vb. dahil olmak üzere kaynakların elde edilmesi prosedürünü ifade eder.

- **(2) Faaliyetler** hammadde kullanımı, mal üretimi, kalite testi, paketleme, bakım vb. içerir.

- **(3) Giden lojistik,** envanter çıktısı, sipariş hazırlama, distribütörlere ve son müşterilere teslimat vb. süreçleri içerir.

- **(4) Pazarlama ve satış;** tanıtım, iletişim, fiyatlandırma, reklam, dağıtım kanalı yönetimi vb. konuları içerir.

- **(5) Hizmetler** onarım, bakım, satış sonrası hizmetler vb. içerir.

 ## BİRİNCİL FAALİYETLERİN BİRBİRİNE BAĞLILIĞI

Bu faaliyetler birbirinden bağımsız değildir ve bir bileşenin iyi kontrol edilmesi zincirin diğer unsurları üzerinde olumlu bir etki yaratabilir. Çeşitli işlevler birbiriyle bağlantılıdır ve bu da faaliyetlerde değişiklik olduğunda bir dizi sonuca yol açabilir. Çoğu zaman fark edilmeyen bu bağlantılar, maliyet yönetimi ve rekabet avantajı açısından önemli bir rol oynamaktadır.

Destek faaliyetleri

Destek faaliyetleri, verimliliği en üst düzeye çıkarmak için şirketin birincil faaliyetlerini gerçekleştirmesini ve koordine etmesini sağlayarak operasyonların sorunsuz bir şekilde yürütülmesine katkıda bulunur. Bunlar

- **(A)** Genel, mali ve idari yönetim, hukuk departmanı ve planlama, kalite kontrol vb. departmanları içeren **şirket altyapısı.**

- **(B)** İşe alım, eğitim, ücretlendirme süreçleri, beceri yönetimi, organizasyon yapısı, prim politikası, işten çıkarmalar vb. konularla ilgilenen **insan kaynakları.**

- **(C) Araştırma ve geliştirme, araştırma ve** teknoloji seçimi, yenilik yapma yeteneği, ürün veya hizmetlerin geliştirilmesi, ürün güvenliği, patent yönetimi vb. konuları içerir.

- **(D) Tedarik (veya tedarik),** hammadde satın alma, tedarikçi bulma, tedarikçilerle görüşmeler, tesis kiralama vb. yöntemleri içerir.

Destek faaliyetleri birincil faaliyetlerin bazılarını etkileyebilir. Ancak, yukarıda açıklanan işlevler yaygın olmakla birlikte, her şirkette mevcut değildir.

 ## DEĞER ZINCIRINI KULLANMA

Teoride, şirketlerin her bir ürün için stratejilerini ve konumlandırmalarını seçmeden önce Porter'ın değer zincirini kullanmaları tercih edilir. Ancak pratikte durum her zaman böyle değildir.

UYARLANABİLİR BİR MODEL

Porter bu kavramı tanımlarken, kişiselleştirilmiş bir yaklaşıma duyulan acil ihtiyacı vurgulamaktadır. Şirketlere öncelikle belirli faaliyetlerin önemine veya önemsizliğine bağlı olarak kısa veya uzun bir değer zinciri arasında seçim yapmalarını tavsiye etmektedir. Bazen rakiplerden sıyrılmak için değer zincirini yeniden düzenlemek de gerekebilir. Son olarak Porter, rekabet avantajının anahtarının çeşitli faaliyetlerin hem yeniden düzenlenmesinde hem de birbiriyle bağlantılı olmasında yattığına işaret etmektedir. Gerçekten de, faaliyetlerden biri diğerlerinden bağımsız olarak ilerliyorsa, farklı bileşenler arasında yeni maliyetler yaratan bir dengesizlik olabilir.

 ## HIZMET SAĞLAYICILAR İÇIN UYGULAMALAR

Kavramı sunmak için kullanılan terminoloji ürün üretimiyle bağlantılı olsa da ("depolama", "üretim", "onarım", vb.), değer zinciri hizmet sağlayan şirketler için de geçerlidir.

SINIRLAMALAR VE GENİŞLETMELER

SINIRLAMALAR VE ELEŞTİRİLER

Porter'ın modeli 1980'lerde geliştirilmiş olmasına rağmen, bugün hala geçerliliğini korumakta ve faaliyetlerinin katma değerini artırmak ve üretim maliyetlerini düşürmek isteyen şirketler için gerekli araçları sağlamaktadır. Bununla birlikte, inkar edilemez etkinliğine rağmen, değer zincirinin belirli sınırlamaları vardır ve giderek daha fazla eleştiriye maruz kalmaktadır.

İlk olarak, bu yöntemin uygulanması nispeten uzun ve karmaşıktır:

- Değer zincirini kullanmak için gereken veri miktarı çok fazladır ve genellikle elde edilmesi zordur;

- yorumlama marjı çok büyüktür, bu da analize zarar verebilir ve nihai sonucu çarpıtabilir;

- hassasiyet eksikliği analizi etkileyebilir.

İkinci olarak, bir pazarda rekabet avantajına sahip olma arzusu, işletmeleri maliyet yönetimi politikalarını benimsemeye itmektedir ki bu da modelin temel kısıtlamalarından biridir. Tüm şirketler bu maliyet yönetimi stratejisini kullanırsa, fiyatlar gittikçe düşecektir, ancak şirketler maliyetleri sonsuza kadar düşüremez.

Üçüncü olarak, değer farklı ekonomistler tarafından farklı algılandığı için bu zincirle bağlantılı değer yaratma kavramını belirlemek zordur:

- Neoklasik ekonomi ([19.] yüzyılın başları) öznel faydaya ya da üretim maliyetlerinin değişimine ve değişimsizliğine bağlı göreli değere dayanır. Başka bir deyişle, bir ürünün değeri aynı piyasadaki başka bir ürünün değerine bağlıdır.

- Buna, değeri mutlak olarak algılayan ve nesnenin özelliklerine göre belirlenen klasik ekonomi (1760 ile 1848 yılları arasında Fransa ve İngiltere'de) karşı çıkmaktadır.

Porter'ın modeli neoklasik düşünceye daha yakın görünmektedir ve müşterinin iradesinin yorumlanmasına dayanmaktadır. Daha genel olarak, Porter'ı eleştirenler onu tanımlarında genel olarak netlik ve kesinlikten yoksun olmakla suçlamakta ve teorisinin, onu haklı çıkarmak için gerekli olan ampirik verilerden yoksun olduğuna inanmaktadır.

Yukarıda özetlenen sınırlamalar ve eleştiriler kapsamlı bir liste oluşturmamaktadır ve pek çok kişi zincirin temellerinin daha az tanınmış diğer ekonomistlerin çalışmalarıyla tamamlandığı konusunda hemfikirdir. Bununla birlikte, kesinlikle dikkatli kullanılması gerekse de, değer zinciri şirket yönetiminde hayati bir araç olmaya devam etmektedir.

İLGİLİ MODELLER VE UZANTILAR

Porter'ın beş gücü

Michael Porter her zaman rekabetle ilgili konuları anlamaya çalışmıştır. Değer zinciri üzerine yaptığı araştırmanın yayınlanmasından birkaç yıl önce, bir şirketin rekabetçi yapısının çok dar bir şekilde tanımlandığını fark etmiştir. Ayrıca rekabet avantajını korumak ve uzun vadeli karlılığı sağlamak için kullanılabilecek "Porter'ın beş gücü" modelini oluşturmuştur. Bu güçler şunlardır:

- **Sektördeki rekabet.** Aynı sektördeki şirketler konumlarını korumak için mücadele eder.

- **Tedarikçilerin pazarlık gücü.** Bir tedarikçi ne kadar güçlüyse, o kadar fazla koşul (fiyat, kalite, miktar) dayatabilir. Daha az güçlü tedarikçiler için ise tam tersi geçerlidir.

- **Müşterilerin pazarlık gücü.** Fiyat, hizmet ve kalite konularında talepte bulunurlar ve bu da pazarın karlılığını etkiler.

- **Yeni girenlerin tehdidi.** Bu, pazarın büyüklüğü (ölçek ekonomisi), iş çeşitlendirme arzusu, giriş maliyeti, hammaddelere erişim ve teknik standartlar gibi faktörlere bağlıdır. Yeni rakipler kaçınılmaz olarak piyasa oyuncularının hiyerarşisini altüst eder.

- **İkame ürün tehdidi.** Pazar teklifine bir alternatif teşkil ederler ve genellikle paranın karşılığını daha iyi verirler.

Bu modelin her bir bileşeni, kamu otoriteleri tarafından belirlenen yasa ve yönetmeliklerden dolaylı olarak etkilenmektedir.

PRATİK UYGULAMA

TAVSİYELER VE EN İYİ İPUÇLARI

Genel muhasebenin aksine, değer zinciri yasal olarak bağlayıcı değildir, ancak kurumsal yönetimde önemli bir araç olmaya devam etmektedir. Bir dizi farklı yaklaşım mümkün olmakla birlikte, aşağıda özetlenen geleneksel altı adımlı yöntemin kullanılması şiddetle tavsiye edilir.

Analizin ayarlanması

İlk aşama, incelenecek alanın belirlenmesidir. Bu, değer zincirine göre üretim sürecinin iyi anlaşılmasını ve farklı faaliyetler arasındaki tüm bağlantıların tanımlanmasını gerektirir. Bir sonraki adım, şirketin genel süreçlerinin başlangıç noktasını (hammadde tedarikçileri) ve bitiş noktasını (bitmiş ürün stoğu veya müşteri) tanımlamaktır.

Mevcut değer zincirinin haritalandırılması

Bu, şirketin temsili değer zincirinin A'dan Z'ye çizilmesini ve tüm farklı aşamaların dahil edilmesini içerir. Genel olarak bu aşamalar karelerle gösterilir, stoklar üçgenlerle temsil edilir ve transferler oklarla gösterilir.

Bu basitleştirilmiş değer zinciri, satın alınmak üzere stoklanan malları gönderen merkezi satın almayı (1) temsil edebilir (2). Mallar daha sonra atölyeye (3) gönderilir ve burada bitmiş ürün stokuna (5) katılmadan önce kalite kontrolünden (4) geçirilir. Ürünler sipariş edildikten sonra dağıtım alanına gider (6).

Gerçek verilerin toplanması

Bu adım, tüm faaliyetler ve bağlantılar hakkında ilgili bilgileri toplamayı ve aynı zamanda bunların gerçekliğini doğrulamayı amaçlamaktadır. Toplanacak veriler, şirketin yapısına ve sektörüne bağlı olarak bir şirketten diğerine farklılık gösterecektir. Örneğin bir hizmet şirketi, bir sanayi şirketinin aksine üretim süreçleriyle ilgilenmez. Endüstriler, bir faaliyet döngüsünün uzunluğu, her aşama için gereken işçi sayısı, her adım arasındaki transfer mesafesi ve süresi, faaliyetlerin maliyeti, kullanılan makinelerin verimliliği, envanter devir hızı, varlıkların değeri, kusurlu ürünlerin oranı vb. hakkında daha fazla bilgi edinmelidir.

Diyagram ve verilerin gönderilmesi

Daha sonra planlanan değer zincirini ilgili kişilerle tartışmak faydalı olacaktır. Örneğin, çalışanlara üretim şeması hakkındaki görüşleri sorulmalıdır. Aslında, ekip üyeleri şirketin süreci hakkında farklı bir görüşe sahip olabilir ve onlara danışmak yanlış yorumlanan yönleri düzeltebilir. Bu aşamada diyagrama yürütme süresi ve değerlendirme süresinin eklenmesi önerilir. Birincisi sürecin tamamlanması için gereken süreyi tahmin ederken, ikincisi değerin dahil edilmesi için gereken süreyi ölçer. Bu iki verinin karşılaştırılması, iyileştirme alanlarının belirlenmesine yardımcı olabilir.

Değer zincirinin yeniden yapılandırılması

Beşinci adım, 1999 yılında Mike Rother ve John Shook tarafından oluşturulan soru listesine bakmayı içerir. Bu soruların yanıtlanması şirketin değer zincirini gözden geçirmesini ve muhtemelen yeniden tasarlamasını sağlar. Bu iki ekonomist tarafından ele alınan sekiz tema rekabet avantajı sağlamaya yöneliktir ve bu aşamanın amacı esasen çok az değer yaratan veya hiç değer yaratmayan faaliyetleri değiştirmek veya ortadan kaldırmaktır. Uygulama dönemi geliştirme dönemine ne kadar yakınsa, şirket gereksiz transferlerini azaltmayı o kadar başarmış demektir. Optimum (veya denge) sağlandıktan sonra, şirketi yeniden yapılandırılmış bir değer zinciriyle temsil etmenin zamanı gelmiştir.

Mike Rother ve John Shook'un sekiz sorusu:

- Değer zincirinin süresi ne kadardır?

- Üretim bir mağazada mı tutuluyor yoksa doğrudan sevkiyat bölümüne mi gönderiliyor?

- Değer zincirinin hangi bölümlerinde sürekli akış işlemeyi kullanabilirsiniz?

- Süpermarket çekme sistemini nerede kullanmanız gerekecek?

- Üretim zincirinin hangi tek noktasında ("kalp pili süreci") üretim planlaması yapacaksınız?

- Üretimi nasıl rafine edeceksiniz?

- Kalp pili işlemini nasıl planlayacaksınız?

- Hangi ilgili süreç iyileştirmeleri gerekli olacak?

İTME VE ÇEKME

İtme ve çekme akışları, tahminlerden kaynaklanan mal, ticari ürün veya diğer bileşenlerin akışıdır. Çekme akışları tahminler tarafından yönlendirilirken, itme akışları müşteri siparişleri tarafından oluşturulur.

Bu soruları yanıtladıktan sonra, şunları yapmanız önemlidir:

- Piyasadaki rekabetçi değer zincirine dayalı rekabet avantajını ölçmek;

- Şirketin farklı varlıklarını birleştirmek;

- değer yaratan faaliyetleri değerlendirir;

- Rekabet avantajının sadece her bir faaliyetin performansından değil, aynı zamanda bunlar arasındaki bağlantılardan da kaynaklandığını göz önünde bulundurun.

İyileştirme eylemlerinin planlanması

Şirket iyileştirilebilecek faaliyetleri belirledikten sonra, performansını artırmak için gerekli araçları bulmalıdır. Bunun için yeniden tasarlanmış diyagramın temel alınması ve dokuz faaliyetin (birincil ve destek) tüm görevlerinin listelenmesi tavsiye edilir. Tedarikçilerden ilk değişikliklere kadar, şirketin başlangıç noktasından itibaren her aşamada takip analizini sıfırlaması gerekecektir. Gerçekten de, yeniden tasarlanan bir faaliyet, aralarındaki bağlantılar nedeniyle diğerleri üzerinde etkili olabilir ve bu değişiklikler şirketin değer zincirini etkileyebilir.

Başlangıç noktasının hep aynı olduğu bu analiz döngüsünün başarısı dört kurala dayanıyor:

* süreç süreklidir ve üretim döngüsüne saygı gösterir;

* zincir basit ve verimli bir üretim kontrolü sağlar;

* Şirket, gider ve sipariş yönetimindeki iyileştirmelerden faydalanmaktadır;

* depolanan stok hacmi azalırken yürütme hızı artar.

Tavsiye

Porter'ın değer zinciri yönetim alanında yaygın bir araçtır, ancak yanlış kullanımı etkinliğini azaltabilir. En yaygın hatalar şunlardır:

* Değer zincirinin kapsamını belirlerken kesin olmamak.

* Faaliyetler arasındaki ilişkileri çarpıtan bir diyagramdan bir değer zinciri geliştirmek.

* Değer zincirindeki bir adımın unutulması. Bu nedenle, her adımın analize tam olarak dahil edilmesini sağlamak için hammadde stoklarından bitmiş ürünün sevkiyatına kadar ürünün şirket içindeki yolculuğunun fiziksel olarak izlenmesi şiddetle tavsiye edilir.

ÖRNEK OLAY İNCELEMESİ – ENDÜSTRİYEL ŞİRKET

Bağlam

Porter'ın modeli sanayi şirketleriyle sınırlı olmamakla birlikte, biz uzun bir değer zinciri içeren bir çelik şirketi örneğini kullanmayı tercih ettik. Bu çelik şirketi dünya çapında bir pazar lideri olmak için çok mücadele etti. Birleşmeler ve diğer satın almaların yanı sıra, uyum sağlama yeteneği onu sektöründe lider yapmıştır. Şirket, değer zinciri de dahil olmak üzere iş yönetimini iyileştirmek için çeşitli yöntemler kullanmıştır.

Ana faaliyeti, çelik borular üzerinde ince dişler açabilen çeşitli makine ve aletlerin montajıdır. Bir araya getirildikten sonra, müşterilerin gaz veya petrol çıkarmasına izin verirler.

Şirket hammaddelerini (çelik ve dökme demir) ve dış kaynaklı parçalarını çeşitli tedarikçilerden satın almaktadır. Satın alınanlar, bir uygunluk testinden geçmeleri gereken tasnif merkezine yönlendirilmeden önce depolanır. Doğrulandıktan sonra, "şirkete ait stok" adı verilen bir alanda saklanırlar. Parçalar daha sonra atölyeye gönderilir. Bu şirket için stokları yönetmek karmaşık bir iştir çünkü parçaların yalnızca %80'i bir makineden diğerine aynıdır. Müşterilerin kendi tüpleri vardır ve cihazlar bunlara uyum sağlayabilmelidir. Ürünün üretimi çok karmaşık bir süreçtir ve dört ila altı ay arasında sürmektedir. Makineler tamamlandıktan sonra, düzgün çalıştıklarından emin olmak için bir dizi testten geçirilmeden önce depolanır. Daha sonra hasarı en aza indirmek için paketleniyor ve nihai varış yerlerine taşınıyor. Ayrıca şirket, kötü kalibre edilmiş, arızalı veya modası geçmiş ekipmanların onarımıyla da ilgilenmektedir.

Yirmi beş yıldan uzun bir süre önce geliştirilen bu üretim süreci, bazı değişiklikler olmasına rağmen bugün hala kullanılmaktadır. Şirket, karmaşıklığına ve yüksek maliyetine rağmen sonuçlarını iyileştirmek için yapısını yeniden düzenledi. Bu, şirketin sektörde bir dünya lideri olarak konumunu koruması için gerekli bir karardı.

Şirket içindeki değer zincirinin yeniden düzenlenmesi

Şirket, organizasyonunu tam olarak gözden geçirmek için nitelikli yönetim uzmanlarından oluşan harici bir ekip kullanmıştır:

- Yöneticilerle birlikte çalışarak, analiz edilecek faaliyetleri haritalandırarak ve bir başlangıç noktası (hammaddelerin alınması) ve bir bitiş noktası (müşterilere teslimat) seçerek işe başladılar. Ancak, beşinci faaliyette makineler tamir edildikten sonra müşteriye yeniden yönlendirildiği için beşinci temel iş faaliyetini üçüncüye bağlamak gerekiyordu.

- Daha sonra adımları (kareler), stokları (üçgenler) ve nakliyeyi (oklar) belirtmeye özen göstererek değer zincirini tasarladılar.

- Dış ekip daha sonra şirketin faaliyet alanlarına göre doğru verileri toplamak için 20 sayfalık bir anket hazırladı. Yöneticiler ve mühendisleri önce kendi alanlarına özgü soruları yanıtladı. Daha sonra, verileri kontrol etmek ve düzeltmek için uzmanlar bu bilgileri tüm çalışanlara sundu. Onların yorumları daha önce verilen cevapları netleştirmiştir. Dış ekip ayrıca potansiyel gecikme nedenlerini belirlemek için yürütme ve kurtarma sürelerini de tahmin etti: karşılaştırma sonrasında bulgular yürütme süresinin çok uzun olduğunu gösterdi.

Rother ve Shook'un sorularına verilen yanıtlar, uzmanların şirketin değer zincirindeki çeşitli eksiklikleri tespit etmesini sağlamıştır. Şirket şunu keşfetmiştir:

- Değer zincirindeki rekabet avantajı, hammadde stoklarının etkin yönetiminden kaynaklanmaktadır.

- Varlıkları esasen mükemmel işgücüne ve makinelerin üretkenliğine bağlı üretim maliyetlerine dayanıyordu.

- Potansiyel iyileştirme için biri üretim düzeyinde, diğeri organizasyon düzeyinde olmak üzere iki nokta vardı. Birincisi, çok sayıda makinenin müşteri taleplerine uygun olmadığını ortaya koyarken, ikincisi aşamalar ve stok alanları arasındaki sürenin çok uzun olduğunu gösterdi.

- Üretim sürecinde birçok parça kırıldı. Bunun nedeni üretim hataları değil, zincirin ilerisinde yapılan alımlar, daha doğrusu dışarıdan alınan ürünlerdi.

Uzmanlar tarafından sağlanan değer zincirinin iyileştirilmesinin ardından şirket üç önemli değişiklik kaydetti:

- makine üretim süresini kısalttı;

- düşük üretim maliyetleri;

- Müşteri beklentileriyle daha tutarlı olan bitmiş ürün tedarikinde iyileşme.

Farklı üretim rotalarını analiz eden şirket, daha sonra sonuçları optimize etmek ve pazar lideri konumunu korumak için bazı faaliyetleri iyileştirebildi.

Küresel liderlik için nedenler

- **Müşterilerle koordinasyon.** Şirketin karşılaştığı önemli bir sorun, müşteri siparişlerinin yerine getirilmesinde hassasiyet eksikliğiydi. Makineler, boru çapı her zaman müşteri gereksinimlerine uymasa bile atölyede bulunan borulara diş açmak zorundaydı. Daha sonra ayarlamalar için şirkete geri dönmeleri gerekiyordu. Bu bariz organizasyonel sorun, müşterilerin boruları için ayrılmış bir depo inşa edilerek çözüldü. Makineler artık doğru bir şekilde çalışabiliyor ve şirket artık şikayetler konusunda endişelenmiyor.

- **Şirketin organizasyonu.** Başlangıçta şirket, birkaç çalışanı olan küçük bir işletmeydi. Yıllar geçtikçe sipariş sayısı katlanarak artmıştır. Şirket, stok alanlarını ve atölye ve ofislere ayrılan alanların sayısını artırarak kademeli olarak büyüdü. İlk yerel şube operasyonları yürütmek için çok küçük hale geldiğinde, şirket hammaddelerin ve bitmiş ürünlerin dikkatlice depolandığı ikinci ve ardından üçüncü bir şube inşa etti. Uzmanlar, ağır stokların ilk tesis (üretim için kullanılan) ile üçüncüsü arasında taşınmasının çok uzun sürdüğünü ve stokların montaj hattına ulaşmak için tüm atölyeyi geçmesi gerektiğini belirtti.

Bunun üzerine şirket ilk iki deponun işlevlerini tersine çevirmeye karar verdi. Depoların iş akışına göre düzenlenmesi atölye, envanter alanları ve tasnif ve kontrol merkezleri arasındaki mesafeleri azalttı.

- **Dışarıdan temin edilen parçalarda daha iyi kalite.** Veriler çok fazla kırık parça olduğunu gösteriyordu ve analizler bunların çoğunlukla Doğu Avrupa'daki taşeronlardan geldiğini gösteriyordu. Sorun, hammaddelerinin kalitesiydi. Şirketin rekabetçi kalabilmesi için bu mekanik parçaları kendisinin üretmesi ya da tedarikçilerini değiştirmesi mümkün değildi, çünkü bunların hepsi nispeten daha pahalıydı. Kaliteyi sağlamak için şirket artık Fransa'daki tedarikçilerden hammadde satın alıyor ve bu hammaddeleri parçalarını üretmek üzere Çek Cumhuriyeti ve Polonya'ya gönderiyor. Maliyet fiyatı yükselmiş olsa da, şirket artık sipariş sayısının azalmasından faydalanıyor.

Bu önemli değişiklikler olmasaydı, şirket dünya çapında bir pazar lideri olarak kalamazdı. Değer zincirinin yeniden tasarlanması, pahalı olmasına rağmen tüm şirket için faydalı olduğu kanıtlanan karmaşık kararlar içeriyordu.

ÖZET

- Michael Porter tarafından geliştirilen değer zinciri kavramı ilk olarak 1985 tarihli *Rekabet Avantajı* kitabında ortaya çıkmıştır: *Üstün Performans Yaratmak ve Sürdürmek adlı kitabında ortaya çıkmıştır.*

- Değer zinciri, bir şirket içinde değer yaratmanın haritasını çıkaran bir iş yönetimi modelidir.

- Bu analitik araç, şirketlerin rekabet avantajlarını en üst düzeye çıkarmak amacıyla daha az verimli alanları belirlemek ve iyileştirmek için tüm faaliyetlerini analiz etmelerini sağlar.

- Değer zinciri, beş ana faaliyet ve dört destek faaliyeti olmak üzere iki kategoriye ayrılabilecek dokuz faaliyetten oluşmaktadır.

- Değer zinciri analizi altı aşamadan oluşmaktadır: incelenecek alanın belirlenmesi, değer zincirinin oluşturulması, verilerin toplanması ve doğrulanması, verilerin geri bildirimleri için ekip üyelerine sunulması, zincirin yeniden düzenlenmesi ve eylem planlaması.

- Bu aracın birçok avantajı vardır: her tür şirkete uyarlanabilir; rekabet gücünü artırır; değer zinciri analizini etkin bir şekilde gerçekleştirmek için açık ve iyi tanımlanmış adımlar sağlar, vb.

- Ancak değerlendirme, büyük miktarda veri gerektiren uzun bir süreçtir. Ayrıca, kişisel yorumlama önemli bir rol oynar ve bu da modeli daha az doğru hale getirebilir.

- Değer zinciri, ünlü "Porter'ın beş kuvveti" de dahil olmak üzere işletme yönetiminde eşit derecede önemli diğer modellerle birlikte kullanılabilir.

- Değer zinciri güçlü bir araçtır, ancak dikkatli kullanılmalıdır. Etkili olabilmesi için, her analizin bir şirketten diğerine farklılık gösterdiğini anlamak önemlidir.

- Değer zincirinin iyileştirilmesi, başarılı bir şekilde uygulandığında şirketlerin hedeflerine ulaşmasını sağlayan karmaşık kararları içerir.

DAHA FAZLA OKUMA

BİBLİYOGRAFYA

Hartwich, F., Devlin, J. ve Kormawa, P. (2011) Endüstriyel Değer Zinciri Teşhisi: Entegre Bir Araç. *Birleşmiş Milletler Sınai Kalkınma Örgütü.* [Çevrimiçi]. [Erişim tarihi: 10 Nisan 2018]. Erişim adresi: <https://www.unido.org/sites/default/files/2011-07/IVC_Diagnostic_Tool_0.pdf>

Lachat, D. (2007) Chaînes de valeur, modèles entrepreneuriaux et étalonnage. *Archive ouverte en Sciences de l'Homme et de la Société.* [Çevrimiçi]. [Erişim tarihi: 10 Nisan 2018]. Erişim adresi: < https://halshs.archives-ouvertes.fr/halshs-00124439/>

Magretta, J. (2012) *La Méthode Michael Porter.* Montreal: Éditions Transcontinental.

Porter, M. E. (1998) *Rekabet Avantajı: Üstün Performans Yaratmak ve Sürdürmek.* New York: Simon & Schuster.

Porter, M. E. (2008) The Five Competitive Forces That Shape Strategy. *Harvard Business Review.* [Çevrimiçi]. [Erişim tarihi: 10 Nisan 2018]. Erişim adresi: < https://hbr.org/2008/01/the-five-competitive-forces-that-shape-strategy>

Rother, M. ve Shook, J. (1999) *Görmeyi Öğrenmek: Değer Katmak ve MUDA'yı Ortadan Kaldırmak için Değer Akışı Haritalama.* Cambridge: Brookline Massachusetts Yalın Girişim Enstitüsü.

Zeroual, T. , Blanquart, C. ve Carbone, V. (2011) Tedarik Zinciri Yönetimi: portée et limites. L'Apport des théories des réseaux. *Les cahiers de recherche de l'ESCE.* [Çevrimiçi]. [Erişim tarihi: 10 Nisan 2018]. Erişim adresi: < https://hal. archives-ouvertes.fr/hal-00595752>

EK KAYNAKLAR

Harvard Business Review. (2011) *HBR'nin Strateji Üzerine Okunması Gereken 10 Kitabı.* Boston: Harvard Business School Yayıncılık.

Magretta, J. (2012) *Understanding Michael Porter: The Essential Guide to Competition and Strategy.* Boston: Harvard Business School Publishing.

*Sizden haber almak istiyoruz!
Çevrimiçi kütüphaneniz hakkında yorum bırakın
ve favori kitaplarınızı sosyal medyada paylaşın!*

IMPROVE YOUR
GENERAL KNOWLEDGE
IN THE BLINK OF AN EYE!

www.50minutes.com

Yayıncı, yayınlanan bilgilerin güvenilirliğini garanti eder, ancak sorumluluğunu üstlenemez.

Ana ISBN: 9782808600514
Kağıt ISBN: 9782808601962
Yasal depozito: D/2022/12603/197

Dijital tasarım: Primento, yayıncıların dijital ortağı.